A Dorling Kindersley Book

Texte français établi par :
Anne Saint-Girons

Photographies :
Dave King

Édition française :
© Bordas, Paris 1993
ISBN 2-04-019691-9
ISSN 1158-7059
Dépôt légal : janvier 1993
Dépôt légal réimpression : mars 1996
Imprimé en Belgique

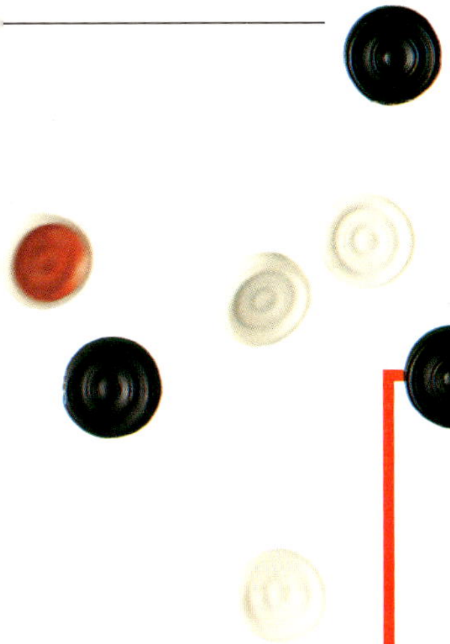

Le petit chercheur

LE MOUVEMENT

BORDAS
JEUNESSE

N. Ardley

Qu'est-ce que le mouvement ?

Le monde est en mouvement. Les hommes marchent et courent, les animaux nagent, volent, sautent et rampent, le vent souffle, les rivières coulent, les machines tournent. Il faut appliquer une force pour pousser ou tirer, changer de direction ou arrêter. Ce sont les muscles qui produisent la force nécessaire au mouvement des hommes et des animaux, tandis que les machines sont entraînées par des moteurs.

Comme sur des roulettes
Les objets bougent plus facilement sur roues. Ainsi, tu avances plus vite sur une planche à roulettes que sur tes jambes.

Sur la vague
L'air et l'eau sont toujours en mouvement. Une voile et une planche suffisent à prendre le vent et à foncer sur les vagues.

Sauter le torrent
Pour aller se reproduire, ce saumon remonte la rivière en franchissant des chutes d'eau.

Sur rails
Les trains rapides ont des moteurs puissants qui en font les transports terrestres les plus rapides.

En accéléré
Le colibri peut battre des ailes 80 fois par seconde !

Toujours plus haut
Lorsque tu pratiques un sport comme le basket-ball, tes muscles te fournissent la force de courir, sauter et mettre la balle dans le panier.

En avant marche !
Les objets ont besoin d'énergie pour bouger. Ce robot avance grâce à un moteur alimenté en énergie par une pile. La nourriture est la source d'énergie de l'homme.

⚠ Ce signe veut dire **attention**. Lorsque tu le verras, demande à un adulte de t'aider.

Prudence !
Suis attentivement les instructions et sois prudent, surtout quand tu utilises des ciseaux, couteaux et objets en verre ou lourds. Ne mets jamais rien dans ta bouche ou dans tes yeux. Quand tu devras faire tourner un objet ou le lancer, fais-le dehors, là où il y a beaucoup de place, loin des autres.

Décollage immédiat !

Fais décoller un gobelet et regarde-le s'envoler, puis s'arrêter et retomber. Tu découvriras qu'il faut appliquer une force pour faire bouger les objets, et une autre force pour les ralentir et les arrêter.

Il te faut :

Un mouchoir en papier

Une bouteille en plastique vide

Un gobelet en plastique

De l'eau

1 Enlève le bouchon de la bouteille.

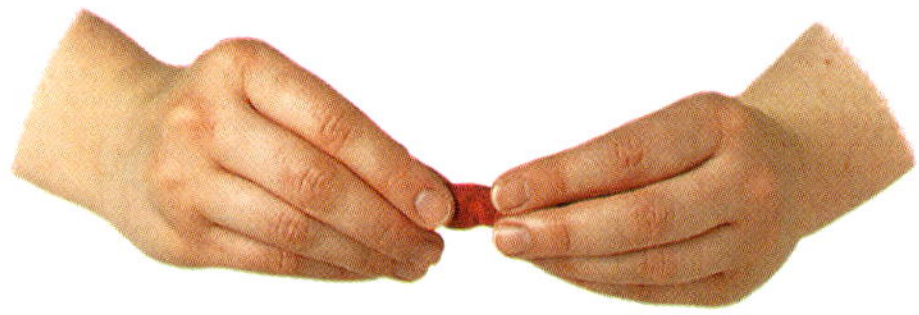

2 Mouille le mouchoir en papier et donne-lui la forme d'un bouchon.

Le bouchon doit s'adapter parfaitement.

3 Mets le bouchon de papier dans l'embout de la bouteille.

4 Renverse le gobelet sur la bouteille.

La force de gravité appuie sur le gobelet et le ralentit jusqu'à l'arrêt, avant de le faire retomber.

La force de l'air de la bouteille fait sauter le bouchon. La force du bouchon en mouvement soulève alors le gobelet.

5 Pointe la bouteille vers le ciel. Appuie fort dessus avec les deux mains. Le gobelet décolle, puis s'arrête et retombe.

Lorsque tu appuies sur la bouteille, l'air qui est à l'intérieur pousse le bouchon avec force.

Mise à feu
Une fusée décolle lorsque ses moteurs sont mis à feu. L'essence qui brûle dans les moteurs produit une force puissante qui l'envoie vers le ciel.

La boule de billard

Fabrique ton propre flipper. Pour faire passer la bille dans tous les trous, trouve comment une force change la direction d'un objet en mouvement.

Il te faut :

Un aimant

Des ciseaux

Des crayons de couleurs

Un couvercle de boîte à chaussures

Une bande de carton

Des billes d'acier

Du ruban adhésif

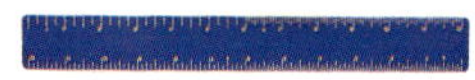
Une règle

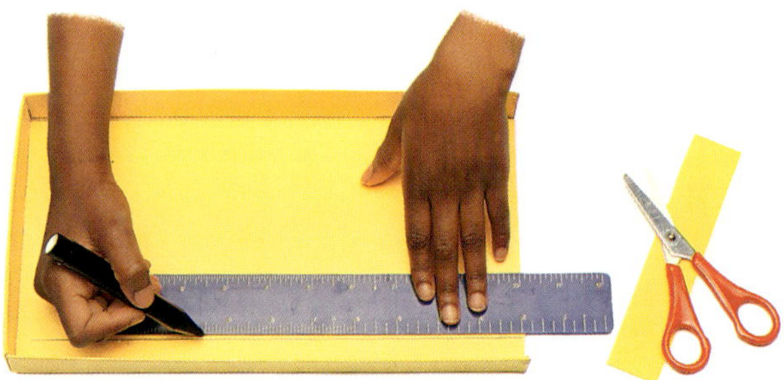

1 Découpe un des petits côtés du couvercle, puis tire un trait sur un des grands côtés.

Pose le petit côté contre le couvercle. Découpe le premier trou au milieu de la ligne tracée.

2 Découpe plusieurs trous carrés dans le petit côté du couvercle que tu viens de découper.

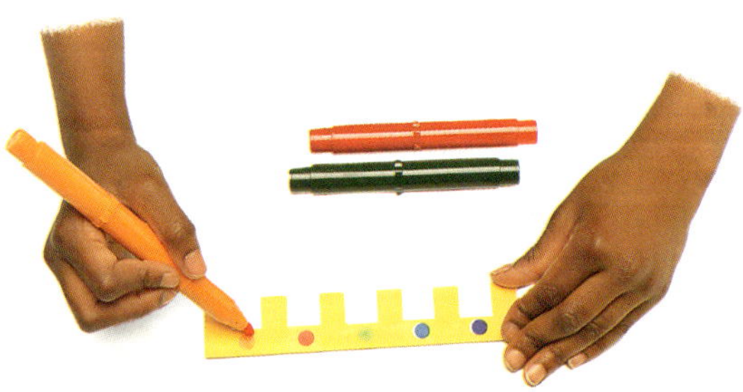

3 Marque chaque trou d'une couleur différente. Ensuite, recolle le petit côté sur le couvercle avec du ruban adhésif.

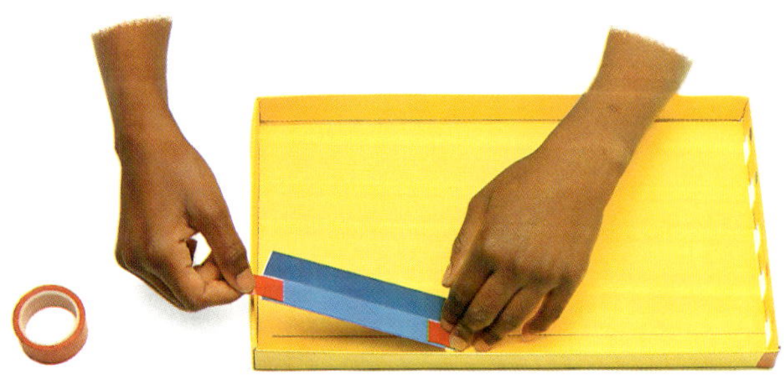

4 Plie deux fois le carton pour faire une glissière. Fixe-la sur le couvercle avec du ruban adhésif, sur la ligne.

5 Mets le couvercle sur une surface horizontale. Fais rouler une bille dans la glissière. Elle devrait rouler le long de la ligne et passer par le premier trou.

La force de gravité pousse la bille le long de la glissière. Si rien ne vient la faire changer de direction, elle roule en ligne droite.

6 Mets l'aimant près de la sortie de la glissière. Fais rouler une autre bille. Elle vire sur le côté et sort par un autre trou.

L'aimant possède une force magnétique. Il attire la bille vers le côté et la fait changer de direction.

En changeant l'aimant de place, tu peux faire passer les billes par tous les trous.

En tirant sur la ficelle

Un parachute descend normalement tout droit vers le sol. Mais la force du vent peut le pousser sur le côté. En tirant sur les filins, on peut contrôler la direction de la descente.

Toujours plus vite

Remplis une remorque de billes et observe jusqu'où elle roule avec des chargements différents. La même force la fait avancer plus vite lorsqu'elle est peu chargée que lorsqu'elle est très lourde.

Il te faut :

Un élastique

De la pâte à modeler

Une petite remorque

Une bande de papier

Des billes

Deux bobines de fil

1 Mets un peu de pâte à modeler sur la base des bobines.

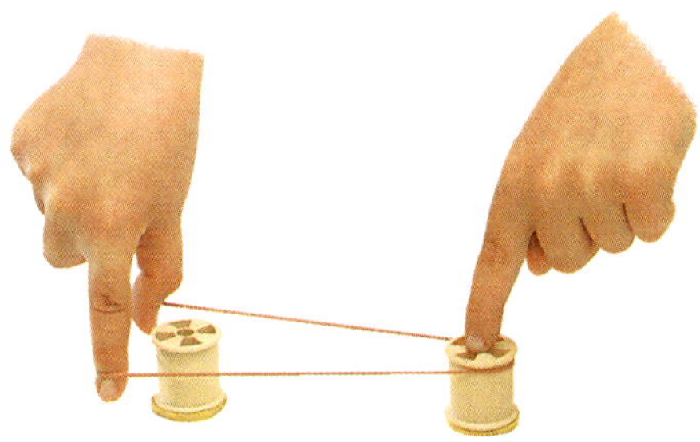

2 Colle les bobines sur une table. Fixe l'élastique entre elles.

Marque la position de l'élastique avec un bout de pâte à modeler.

3 Remplis la remorque de billes. Place-la contre l'élastique et tire-la un peu en arrière.

La remorque ne va pas très vite parce qu'elle est lourde.

La remorque pleine s'arrête ici.

4 Lâche la remorque. Elle n'avance pas beaucoup. Marque son point d'arrivée avec un bout de pâte à modeler.

La remorque à moitié pleine s'arrête ici.

5 Enlève la moitié des billes. Tire la remorque sur la même position qu'avant et lâche-la. La remorque va plus vite et plus loin.

L'élastique fait avancer la remorque plus vite parce qu'elle est vide et légère.

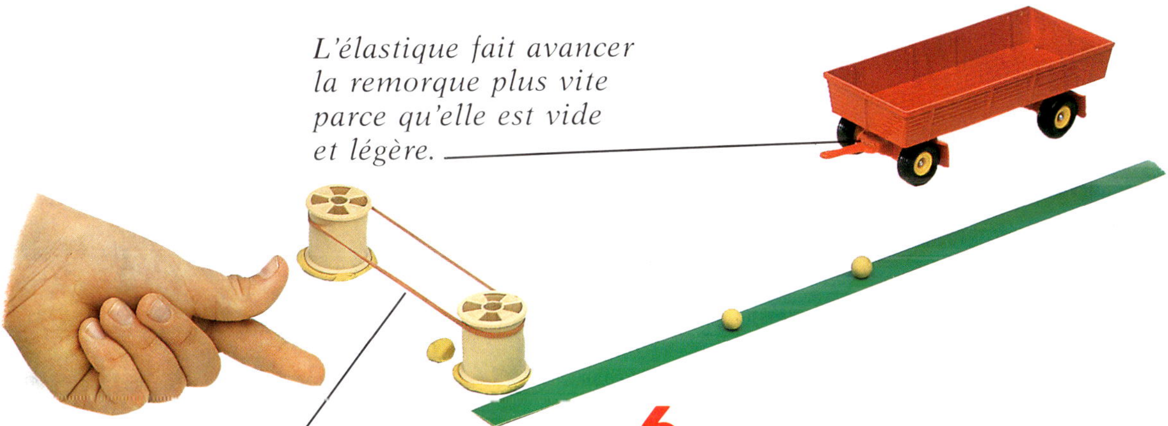

L'élastique produit toujours la même force pour faire avancer la remorque.

6 Enlève toutes les billes et recommence. Maintenant la remorque va plus vite et plus loin.

Le palet glisse

Le hockey sur glace est un sport rapide. Le petit palet de caoutchouc glisse à toute vitesse sur la glace quand les joueurs le frappent avec leur crosse ; il va très vite parce que c'est un objet léger et qu'ils frappent très fort.

Le bouton paresseux

Peux-tu retirer un petit carton sans faire bouger le bouton placé dessus ? Essaie ce tour. Il te montre que les objets ont une inertie. Les objets lourds ont une inertie plus grande que les objets légers.

Il te faut :

Un grand bouton

Un petit carton

Une bouteille débouchée

1 Place le carton sur la bouteille. Mets le bouton au-dessus du goulot.

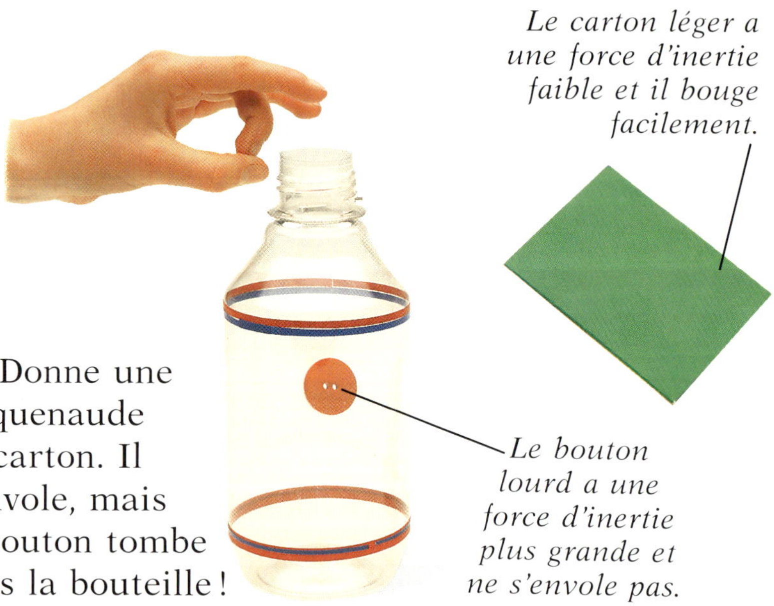

2 Donne une chiquenaude au carton. Il s'envole, mais le bouton tombe dans la bouteille !

Le lancer du poids
Les lanceurs de poids doivent être très forts. Le poids est une boule de métal très lourde qui a une grande inertie. Il faut une poussée très importante pour le lancer.

Un tourbillon

Essaye d'arrêter un œuf qui tourbillonne. Ce n'est pas aussi facile que tu le crois. Lorsqu'un objet est en mouvement, sa force d'inertie l'empêche aussi de s'arrêter.

Il te faut :

Un œuf cru

Un grand bol

1 Mets l'œuf dans le bol. Fais-le tourner.

2 Pose doucement tes doigts sur l'œuf pour arrêter le mouvement.

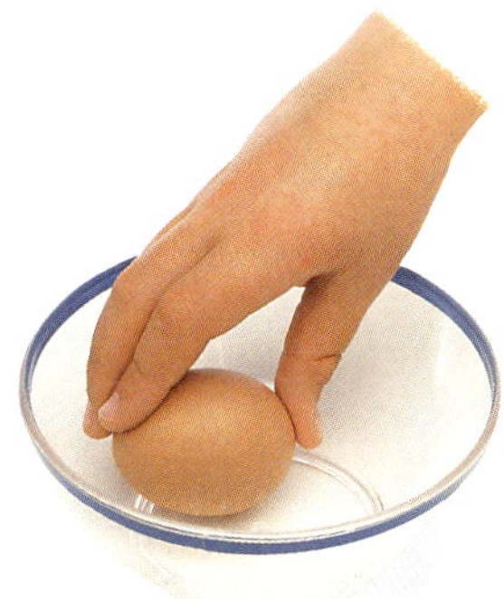

3 Enlève vite tes doigts. L'œuf reprend son tourbillon !

Lorsque tu fais tourner l'œuf, le liquide qui est à l'intérieur bouge aussi.

Lorsque tu arrêtes l'œuf, la force d'inertie continue de faire tourner le liquide dans la coquille. C'est ce qui fait repartir l'œuf tout entier.

Quelle envolée !
Ce cheval a refusé l'obstacle. Il s'arrête tout d'un coup et le cavalier s'envole par-dessus l'encolure parce que la force d'inertie conserve le mouvement en avant.

L'énergie de la roue

Construis un bateau à aubes et regarde-le avancer tout seul dans l'eau. Tu découvriras comment les véhicules à moteur doivent pousser vers l'arrière pour aller vers l'avant.

Il te faut :

- Un bouchon
- Du plastique rigide
- Des ciseaux
- Un couteau
- Deux crayons
- Des élastiques longs et courts
- Un carton de lait ou de jus de fruits vide
- Du ruban adhésif

Recolle le haut du carton avec du ruban adhésif.

1 Fixe les deux crayons de chaque côté du carton avec plusieurs élastiques longs.

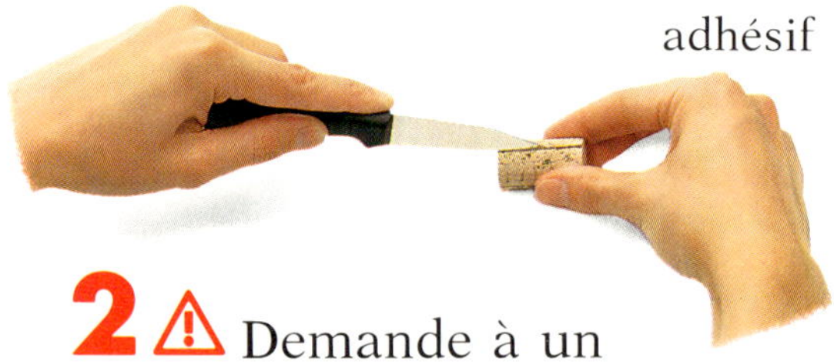

2 ⚠ Demande à un adulte de faire avec le couteau quatre entailles également réparties sur le bouchon.

Coupe les lames à la largeur des entailles du bouchon.

3 Coupe deux lames dans le plastique. Mets-les dans deux entailles opposées du bouchon.

4 Mets un élastique court dans les autres entailles du bouchon, puis tends-le entre les deux crayons. Ta roue à aubes est prête.

L'extrémité en pointe facilite l'avancée dans l'eau.

5 Remonte la roue à aubes en enroulant l'élastique sur lui-même, mets le bateau sur l'eau et lâche tout. Le bateau avance sur l'eau.

La roue tourne lorsque l'élastique se déroule.

Les lames poussent l'eau vers l'arrière lorsque la roue tourne. C'est ce qui pousse le bateau en avant.

En croisière sur le fleuve
Entraînée par un moteur, la roue à aubes pousse ce gros bateau sur le fleuve. D'autres bateaux ont des hélices sous l'eau qui, comme la roue à aubes, les font avancer en repoussant l'eau vers l'arrière.

Le billard manuel

Fabrique un billard et joue avec un ami. Tu découvriras comment un pion peut en faire bouger un autre avec l'énergie cinétique. Tous les objets en mouvement ont une énergie cinétique.

Il te faut :

Quatre pions blancs

Trois pions noirs

Des ciseaux

Un crayon rouge

Du ruban adhésif

Une grande feuille de carton

Une règle

Marque des lignes entre les coins.

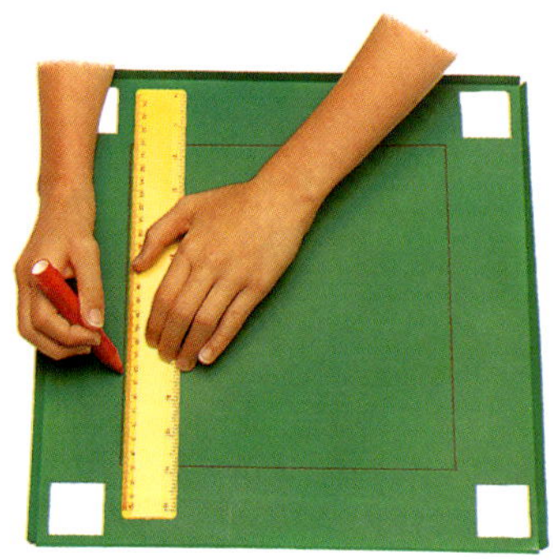

1 ⚠ Demande à un adulte de découper quatre petits carrés à chaque coin de la feuille de carton. Puis découpe quatre grands carrés près des quatre coins.

2 Tire une ligne rouge épaisse juste à l'intérieur des trous.

3 Colorie l'un des pions blancs en rouge.

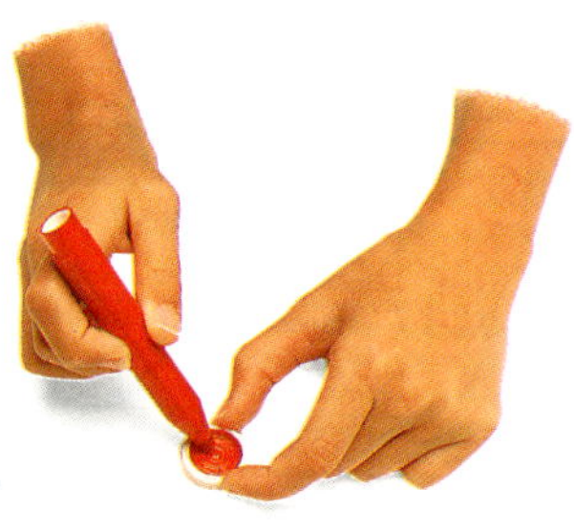

4 Replie les côtés du carton et fixe les coins avec du ruban adhésif. Voilà ta table de billard. Place-la sur une boîte.

Replace le pion rouge au-delà de la ligne après chaque coup.

5 Place les pions blancs et noirs en triangle au milieu de la table.

L'énergie cinétique du pion rouge vient de ton doigt. Le pion s'arrête lorsqu'il a perdu son énergie.

Mets le pion rouge au-delà de la ligne rouge.

Un pion noir ou un pion blanc prend de l'énergie cinétique au pion rouge et commence à bouger.

6 Chacun donne une poussée au pion rouge pour faire tomber les pions noirs ou blancs dans les trous.

Tous à terre

Tu peux faire tomber une ligne entière de dominos en poussant seulement le premier. L'énergie cinétique se transmet d'un domino à l'autre jusqu'à ce que toute la ligne soit tombée.

La planchette magique

Le frottement va te permettre de réussir cet étonnant tour d'équilibre. Le frottement est une force qui ralentit ou arrête le mouvement. Il y a frottement là ou deux objets sont en contact.

Il te faut :

Une planchette de bois lisse

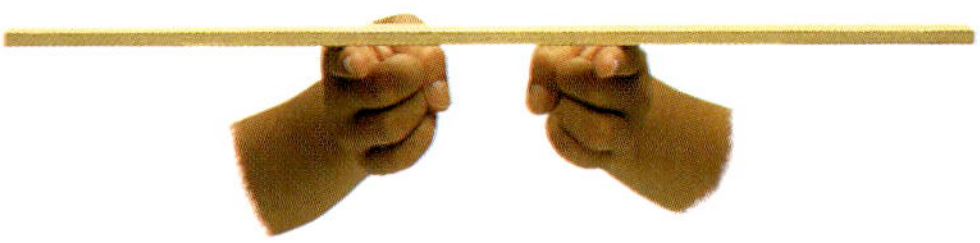

1 Écarte légèrement les mains. Pose la planchette en équilibre sur tes deux index pointés.

Le poids de la moitié du bois appuie sur ton doigt. Cela crée un frottement qui arrête ton doigt glissant sous le bois.

Il y a moins de frottement ici et ton doigt peut glisser sous le bois.

2 Garde un doigt immobile pendant que tu essaies de faire tomber la planchette en bougeant l'autre. C'est presque impossible ! Tes doigts finissent toujours au milieu.

Le plan incliné

Tu peux te tenir sur un plan incliné sans glisser. C'est parce que le poids de ton corps crée du frottement entre tes pieds et le plan incliné.

Sur la pente

Fabrique un toboggan pour tester le frottement des objets. Tu découvriras que certains glissent plus facilement que d'autres, parce que leur surface produit plus ou moins de frottements sur la surface de la planche.

Il te faut :

Une pierre ponce

Un flacon plat en verre

Une planche lisse

Une gomme

Un cube en bois

Le flacon en verre glisse le premier. Sa surface lisse bouge facilement sur la planche.

1 Place les objets en ligne à un bout de la planche. Soulève-la lentement.

La gomme est la dernière à démarrer. Sa surface caoutchouteuse crée beaucoup de frottement avec la planche en pente.

La pierre ponce rugueuse crée plus de frottement que le flacon de verre et glisse plus lentement.

Le cube lisse glisse assez facilement.

2 Relève encore la planche. Les objets descendent tous l'un après l'autre.

La pierre qui roule

Découvre comment le frottement s'accroît lorsque tu augmentes le poids d'un objet. Puis découvre comment limiter le frottement en ajoutant des roues.

Il te faut :

Une allumette brûlée

Un gros élastique

Du ruban adhésif

Des ciseaux

Des galets

Des crayons de couleur ronds

Une boîte à chaussures

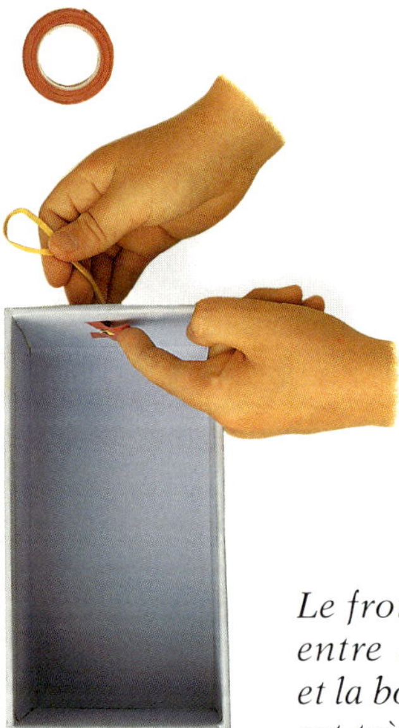

1 ⚠ Fais un trou à un bout de la boîte. Fais passer l'élastique dedans. Place l'allumette dans la boucle et fixe-la à la boîte avec du ruban adhésif.

Le frottement entre la table et la boîte vide est très faible.

2 Place la boîte sur une table lisse. Tire sur l'élastique. La boîte bouge sans peine.

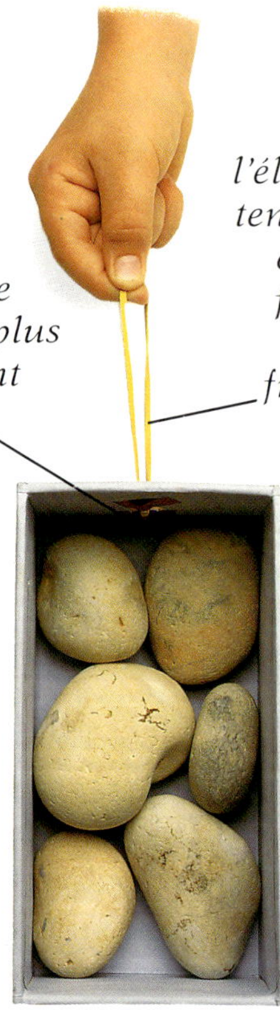

Plus la boîte est lourde, plus le frottement est grand.

Plus l'élastique se tend, plus tu exerces de force pour vaincre le frottement.

3 Remplis la boîte de galets et tire à nouveau. L'élastique se tend avant de faire bouger la boîte.

4 Mets maintenant les crayons de couleur en ligne sur la table et place la boîte pleine dessus.

5 Tire sur l'élastique. Cette fois, la lourde boîte bouge plus facilement sur les crayons.

Vive la glisse !
As-tu jamais glissé sur un toboggan géant ? Tu t'assieds sur un tapis qui réduit le frottement entre ton corps et la surface du toboggan. Avec moins de frottement, tu peux glisser très vite.

Le disque tournant

Fais tourner un disque sur une ficelle et observe comme un objet qui tournoie se comporte bizarrement : il reste stable, sans vaciller.

Il te faut :

Une ficelle

Un carton

Un crayon

Un disque 33 tours

1 ⚠ Fais un petit trou au centre du carton avec le crayon.

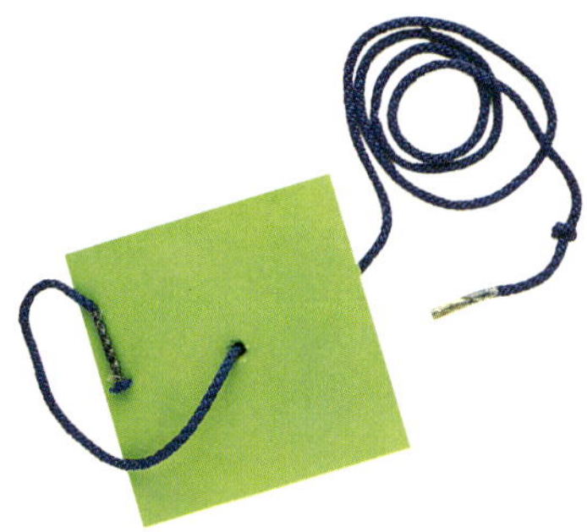

2 Fais un nœud à un bout de la ficelle. Enfile l'autre bout dans le trou du carton.

Utilise un vieux disque car tu pourrais l'abîmer.

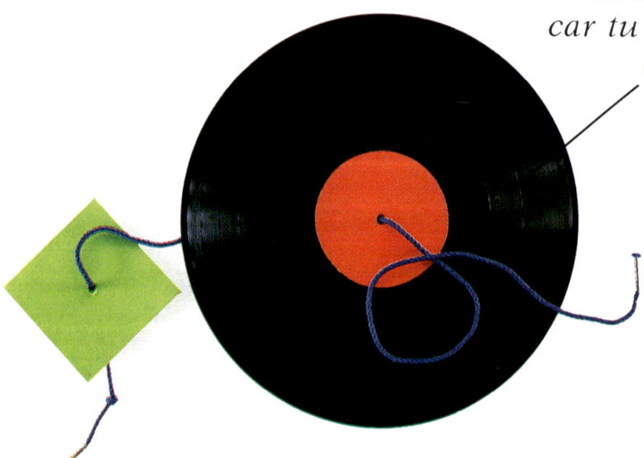

3 Passe la ficelle dans le trou au centre du disque.

4 Tiens le disque par la ficelle et fais-le osciller. Il penche dans toutes les directions.

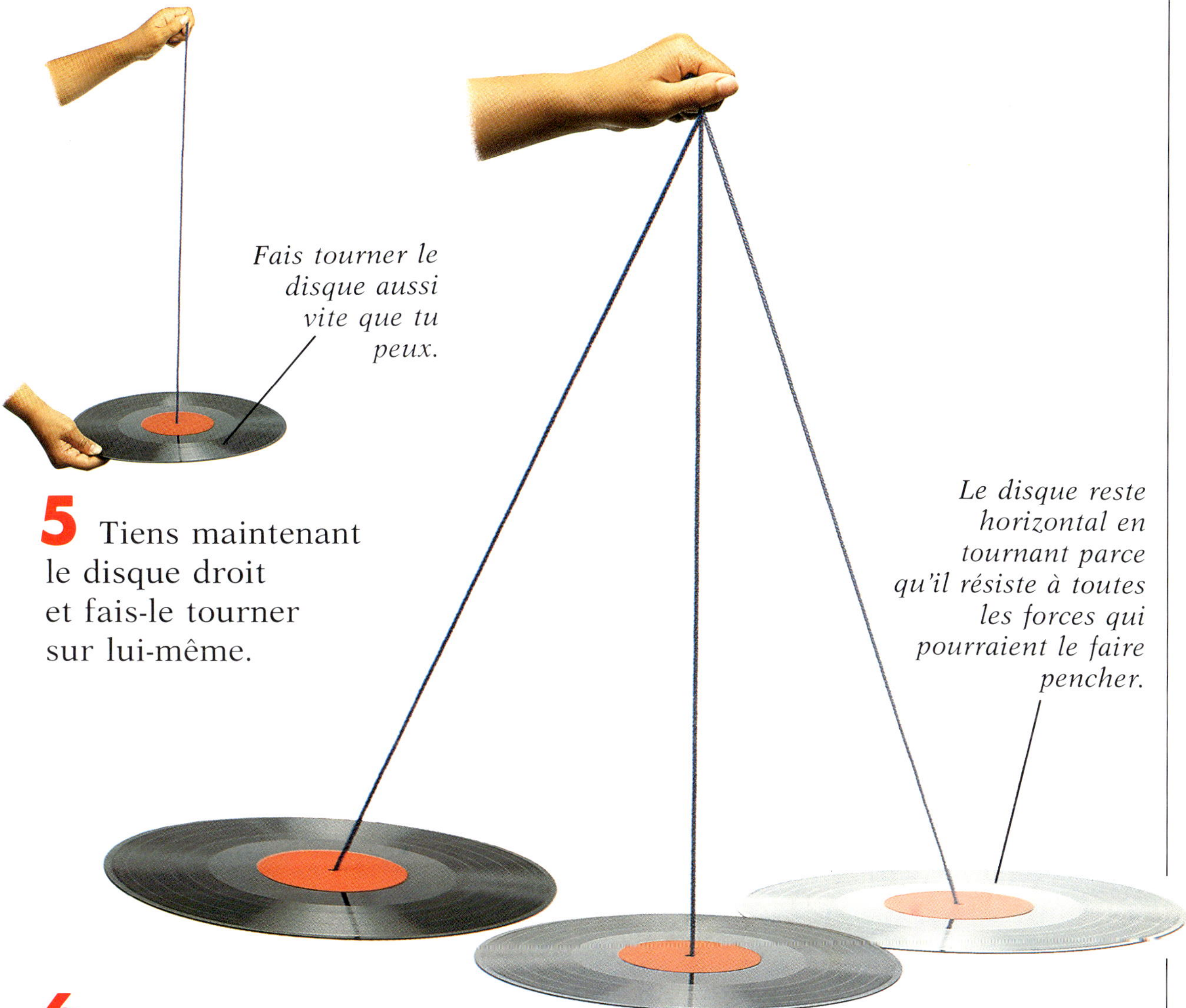

Fais tourner le disque aussi vite que tu peux.

5 Tiens maintenant le disque droit et fais-le tourner sur lui-même.

Le disque reste horizontal en tournant parce qu'il résiste à toutes les forces qui pourraient le faire pencher.

6 Fais-le osciller à nouveau. Cette fois, il reste horizontal et ne penche plus.

Sur deux roues

Pour garder la bicyclette verticale, il faut rester en mouvement. En tournant, les roues résistent aux forces qui la font pencher lorsqu'elle commence à tomber. Cela permet aux roues de rester droites lorsque tu pédales.

Le tourniquet sifflant

Fabrique un tourniquet sifflant qui ne s'arrête jamais. En tirant sur la ficelle au bon moment, tu le feras tourner sans fin.

Il te faut :

Une ficelle

Un compas avec crayon

Des ciseaux

Un carton épais

Une paille coudée

1 Avec le compas, trace un cercle d'environ 10 cm de diamètre. Découpe-le. C'est ta roue.

2 ⚠ Fais 8 gros trous près du bord avec un crayon. Fais deux autres petits trous de chaque côté du centre.

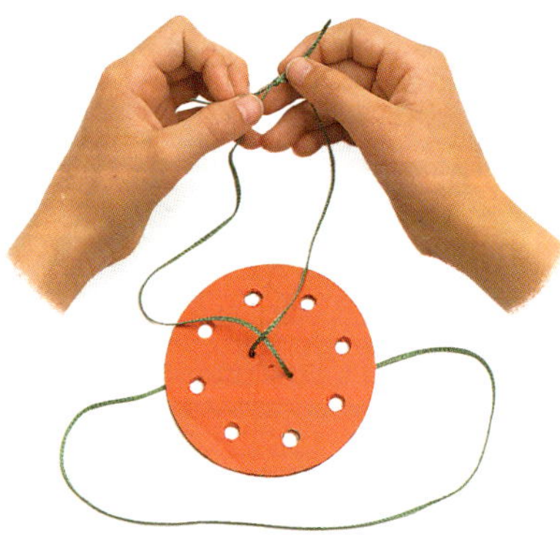

3 Enfile la ficelle dans les deux trous du milieu et attache les deux bouts ensemble.

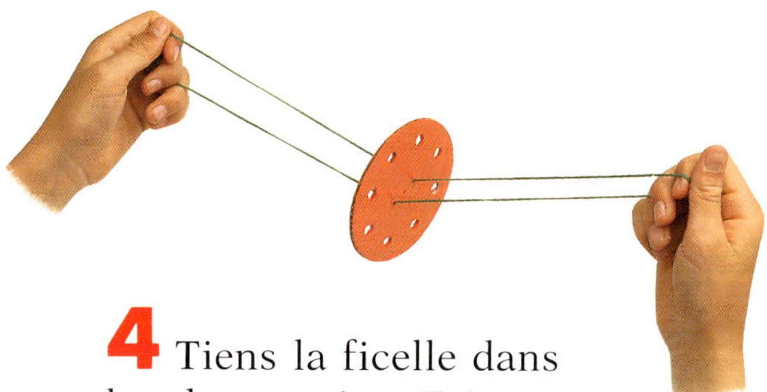

4 Tiens la ficelle dans les deux mains. Fais tourner la roue pour enrouler la ficelle.

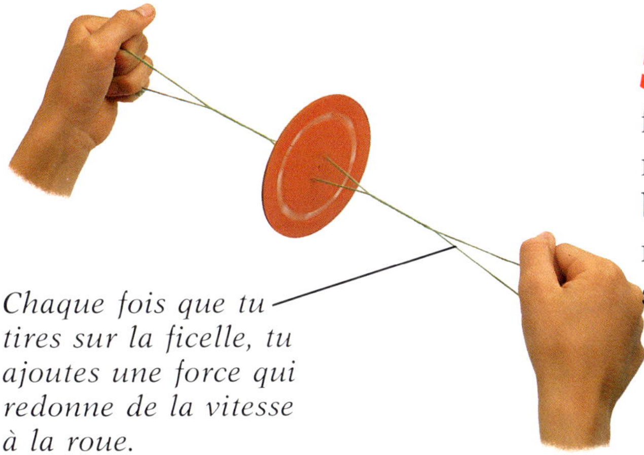

5 La roue tournoie lorsque la ficelle s'enroule et se déroule. Pour maintenir le mouvement, tire brusquement des deux mains au moment précis où la ficelle s'enroule jusqu'aux doigts.

Chaque fois que tu tires sur la ficelle, tu ajoutes une force qui redonne de la vitesse à la roue.

La roue tourne à des vitesses variables, ce qui fait monter ou descendre le son.

La roue qui tourne coupe le courant d'air à travers les trous et produit des ondes sonores.

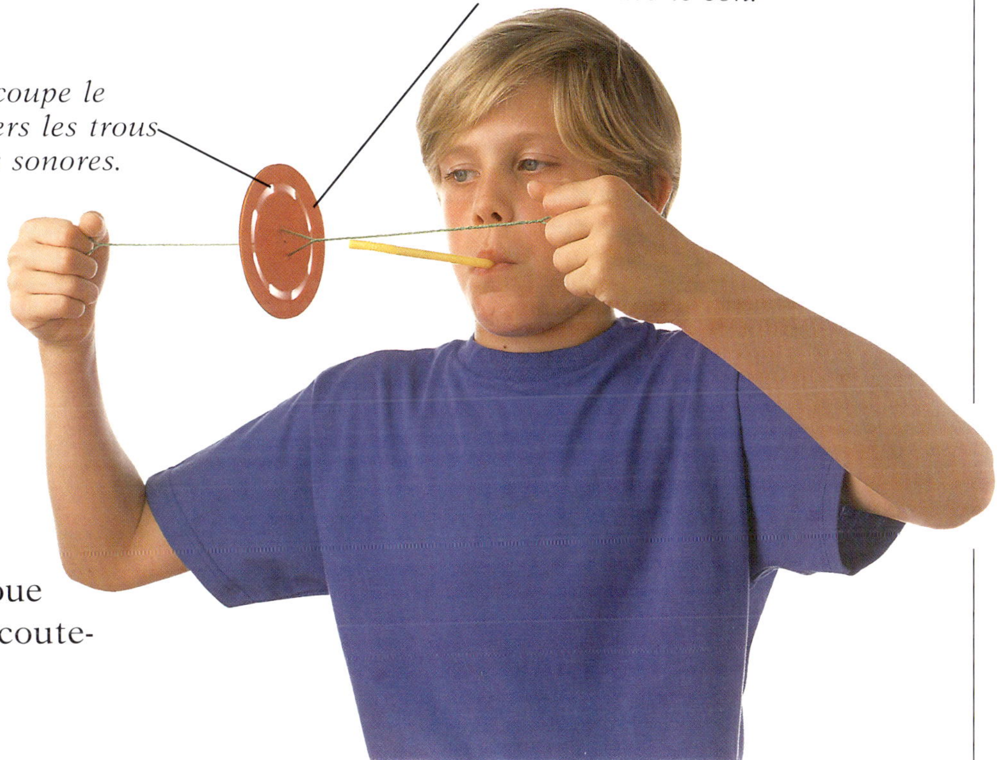

6 Plie la paille. Puis souffle sur les trous de la roue qui tournoie et écoute-la siffler.

Sur la balançoire

Sais-tu comment maintenir le mouvement de la balançoire ? Quand tu arrives au plus haut, tire sur les cordes ou pousse sur le siège, tu ajouteras de la force à celle de la balançoire.

Le looping

Comment faire tenir des pois chiches dans un gobelet renversé ? Si tu fais tourner la roue en cercle, la force d'inertie des pois les empêchera de tomber.

Il te faut :

Une paille coudée

De la pâte à modeler

Deux petites ficelles

Des pois chiches

Un gobelet en plastique

Une bobine de fil

Du ruban adhésif

Des ciseaux

1 Fabrique une poignée au gobelet en fixant la ficelle avec du ruban adhésif.

Fixe bien la ficelle avec du ruban adhésif.

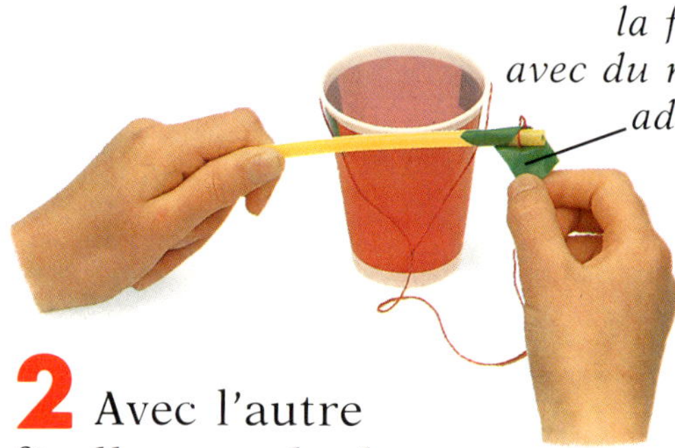

2 Avec l'autre ficelle, attache la poignée au bout le plus long de la paille.

3 Passe l'autre bout de la paille à travers la bobine. Colle de la pâte à modeler au bout pour la maintenir en place.

4 Remplis le gobelet de pois chiches à la moitié.

5 Tiens la bobine et fais tournoyer le gobelet en cercle. Les pois ne tombent pas, même quand le gobelet est retourné !

Lorsque le gobelet tournoie, la force d'inertie des pois les pousse vers le haut et vers l'extérieur. C'est ce qui les empêche de tomber.

La tête en bas
La force d'inertie maintient les passagers sur leur siège lorsque les wagonnets se retournent.

Auteurs des illustrations
(abréviations utilisées pour les illustrations : B = bas, C = centre, G = gauche, D = droite, H = haut).

Allsport : 15BD ; Allsport/Jon Nicholson : 6CG ; Allsport/Mike Powell : 14BG, 25BD ; J. Allan Cash : 23BD ; Bruce Coleman/Bob and Clara Calhoun : 7HD ; Colorsport : 12BD ; Lupe Cuhna : 29CG ; The Image Bank/Alain Choisnet : 7HG ; The Image Bank/Paul Katz : 7CG ; The Image Bank/Peter M. Miller : 6B ; The Image Bank/Bernard Roussel : 11BG ; Camilla Jessel : 27BG ; Pictor International : 17BD, 19BG ; Science Photo Library/Roger Ressmeyer, Starlight : 9BD.

Recherche graphique : Clive Webster

Photo de couverture : Dave King